# Inhalt

**Standort-Controlling - Die Steuerung eines optimalen Standort-Portfolios kann die betriebliche Performance signifikant steigern**

Kernthesen

Beitrag

Fallbeispiele

Weiterführende Literatur

Impressum

# Standort-Controlling - Die Steuerung eines optimalen Standort-Portfolios kann die betriebliche Performance signifikant steigern

*M. Westphal*

## Kernthesen

- Ein optimales Standortportfolio ist für Unternehmen ein wesentliches Erfolgskriterium.
- Die Bewertung der Attraktivität eines

Standortes ist von vielen Kriterien abhängig und muss vom Controlling kontinuierlich überwacht werden.
- Deutschland ist für viele ausländische Unternehmen immer noch ein sehr attraktiver Standort, dessen Vorteile die Schwächen deutlich überwiegen.

## Beitrag

Die wachsende Marktdynamik erfordert von Unternehmen eine ständige Anpassung an sich ändernde Situationen im hohen Wettbewerbs- und Kostendruck. Daher müssen auch Standortentscheidungen an die sich verändernde Umwelt angepasst werden. (8)

## Das Standort-Controlling kann die Optimierung des betrieblichen Standort-Portfolios an die sich ändernden Rahmenbedingungen sicherstellen

Aufgabe des Standort-Controllings ist die Analyse

der aktuellen Standortstruktur und damit die Unterstützung der relevanten Standortfaktoren. Die kontinuierlich durchzuführenden Abweichungsanalysen können Standortstrukturentscheidungen beeinflussen, die den ständigen Wandel berücksichtigen, dem die Standortfaktoren und damit auch das Unternehmen unterworfen sind. (8)
Dem Controlling als führungsunterstützendes System kommt im Rahmen von Standort-Entscheidungen die Instrumentalisierung der Planungs-, Kontroll- und Informationsversorgung zu, um eine Reduktion der Komplexität der Prozesse und damit deren Beherrschbarkeit herbeizuführen. (8)
Dabei sind in diesem Zusammenhang drei Phasen des Controllings zu unterscheiden:
- Initiierung, also rechtzeitige Auslösung von Anpassungsprozessen sowie Erkennung interner Stärken und Schwächen und externer Chancen und Risiken,
- Analyse, die mit all ihren Informationen in einer gesicherten zielkonformen und rationalen Entscheidung mündet und
- Realisierung als effiziente Exekution der geplanten Maßnahmen. (8)
Die Wettbewerbsfähigkeit eines Standortes kann auch im Rahmen einer Benchmarkanalyse ermittelt werden. So sollten z. B. die Fertigungskosten laufend ermittelt werden sowie die verschiedenen

Kostengrößen von Seiten des Controllings immer vergleichbar gehalten werden. (8)
Unterschiedliche Lohn- und Gehaltsstrukturen verschiedener Regionen und unterschiedliche Anzahl von Urlaubs- und Feiertagen müssen berücksichtigt und in den Kostenbetrachtungen entsprechend nivelliert werden. (8)

## Für die Bestimmung der Markt- und Standortattraktivität sind viele Faktoren maßgebend, deren Erhebung sorgfältig geplant werden muss

Bei jeglicher Investition in Einzelhandelsimmobilien müssen die Entwicklungsperspektiven berücksichtigt werden. Das strategische Betreiben von Standorten wie auch das Portfoliomanagement benötigen eine sorgfältige Analyse des Umfelds. Es darf nicht nur der Ist-Zustand berücksichtigt werden, sondern auch die Dynamik der Standorte muss in die Bewertung einfließen. (5)
Die Hauptkriterien sind Markt- und Standortattraktivität, zur Messung dieser werden aber z. B. bei der Metro etwa 35 Unterkriterien

anhand objektiver Cluster miteinbezogen. Danach erfolgt eine Überprüfung der Ergebnisse mittels Regressionsanalysen. Erst dann können die Faktoren Markt- und Standortattraktivität anhand einer Matrix dargestellt werden, um weniger interessante von hochinteressanten Immobilien zu unterscheiden, um dann Handlungsempfehlungen an die Vertriebslinien zu übergeben. Investitionsentscheidungen wie auch Wachstumsaussichten und Renditen können so überprüft und prognostiziert werden. (5)
Dieses Radar kann genutzt werden, Standortentscheidungen zu treffen bzgl. der Suche nach renditeträchtigen Standorten oder aber der Entscheidung zur Revitalisierung bestehender Standorte. (5)
Nur so kann die Optimierung des gesamten Center-Portfolios erfolgreich durchgeführt werden. Sofern eine SAP-Anbindung eingerichtet ist, sind auch Echtzeit-Bewertungen möglich. (5)
Für die Abschätzung der Standortqualität ist die Passantenfrequenz einer der wichtigsten Indikatoren. So ist sie im Rahmen der Standortplanung für die Potenzialeinschätzung verlängerter Öffnungszeiten sowie das Erkennen von Kundenströmen und die Personaleinsatzplanung oder die Bereitstellung von Parkraum von Bedeutung. (4)
Die Problematik bei der Erstellung eines Bewertungs-Tools für Immobilienstandorte liegt vor allem in der

Auswahl der Datenquellen, die ein solches System beliefern wie auch den Faktoren, die notwendig sind, bestehende wie auch neue Standorte aus Handelssicht zukunftsorientiert zu bewerten. (5)

## Im Rahmen der Standortoptimierung kommt dem Auswahlproblem der Standortschließung eine besondere Bedeutung zu

Wie alle Entscheidungen ist auch das über Standortaufgabe bzw. schließung ein komplexes mehrstufiges Problem, an dem verschiedene Personen mit unterschiedlichen Zielsetzungen beteiligt sind und welches unter Unsicherheit gelöst wird. (8) Die Folgewirkungen im sozialen Bereich stellen für eine Entscheidung zur Standortschließung die Schließungsbarrieren dar und erfordern deshalb ein kontinuierliches Standort-Controlling. (8) Die betriebliche Praxis ist auf Wachstum ausgerichtet. Damit können Entscheidungen, die zur Optimierung der Standortstruktur auch Schließungen einzelner Standorte vorschlagen, nicht auf die gebotene Aufmerksamkeit treffen. (8)

Das klassische Standortwahlproblem ist nicht 1:1 mit dem Auswahlproblem bei Standortschließungen aus vorhandenen Standorten, da diese Spezialentscheidung in einzelnen Punkten Vereinfachungen und in anderen Erschwernisse aufweist. (8)
Vereinfachungen bestehen darin, dass aufgrund der vorhandenen Anzahl von Standorten eine Begrenzung auf eine fest angelegte Zahl bekannter Alternativen besteht. (8)
Entscheidungsrelevante Daten für Standortschließungs-Entscheidungen dürften bereits im betrieblichen Berichts- und Rechnungswesen vorliegen. Informationen, die nicht vorhanden sind, sind z. B. die über zukünftige Entwicklungen. Diese müssen vor allem für Neuerrichtungsentscheidungen gesammelt werden, können aber auch für eine Revitalisierung eines Standortes von Nutzen sein. (8)

## Die Verkaufsflächendichte aber auch die Größe der Outlets nehmen zu und müssen vom Controlling optimiert werden

Aufgrund der zunehmenden Dichte von Verkaufsflächen nimmt auch die Frage nach dem

Einfluss der Betriebsgröße auf die Sogkraft einer Vertriebslinie wie aber auch die Entfernung eines Standorts von Siedlungsschwerpunkten für die Höhe des Marktanteils zu. Ebenso muss die Elastizität der Nachfrage auf eine Änderung der Entfernung eines Marktes wie auch seine Größe abgeschätzt werden können. Die Analysetools von Dr. Lademann & Partner sind in Zusammenarbeit mit dem Institut für Marketing und Handel an der Universität Göttingen mit über 400 Befragten entwickelt worden. Unter Mitwirkung von Edeka Melsungen und von Real sind diese Tools in 2006 überprüft worden.

So sind die tatsächlichen Entfernungen für Wohn- und Einsatzort ungeheuer wichtige Einflussfaktoren auf die Einkaufswahrscheinlichkeit. Im Durchschnitt aller Göttinger Anbieter nimmt die Wahrscheinlichkeit um 0,75 Prozent ab je einem Kilometer Zunahme der Entfernung zwischen Wohn- und Einkaufsort. Sofern man nach Betriebsformen unterscheidet, reagiert der Kunde eines SB-Warenhauses unsensibler auf solche Unterschiede als die Kunden anderer Betriebsformen.

Aber auch zwischen einzelnen Anbietern gibt es große Unterschiede in der Änderung des Verbraucherverhaltens. So spielt für Lidl-Kunden die Entfernung zum jeweiligen Markt eine größere Rolle als für Aldi-Kunden. Daraus resultiert, dass Lidl-Märkte eine größere Nähe zur jeweiligen Kundschaft benötigen als Aldi-Märkte. Gemäß den Erhebungen

ist die Wahrscheinlichkeit, dass ein Aldi-Kunde einen Aldi in zwei Kilometern Entfernung aufsucht, 3,4mal größer, als dass er einen Lidl-Markt in gleicher Distanz aufsucht. (6)
Der Einfluss der Betriebsgröße ist im Vergleich zur Entfernung vom Wohnort weitaus geringer, so erhöht eine Verkaufsflächenvergrößerung um zehn Prozent die Einkaufswahrscheinlichkeit nicht einmal um zwei Prozent. Die Präferenzen sind aber nicht allein von der Fläche beeinflusst, sondern auch von der Betriebsform. So ist bei Discountern, Verbrauchermärkten und SB-Warenhäusern die Vergrößerung einer Verkaufsfläche für den Kunden attraktiver und damit verkaufsfördernder als eine entsprechende relative Vergrößerung bei einem Nachbarschaftsladen. Allerdings nimmt der Grenznutzen einer Vergrößerung der Verkaufsfläche bei zunehmender Größe der Betriebsform ab. Discounter profitieren daher stärker als Verbrauchermärkte und SB-Warenhäuser. (6)
So können Verbrauchermärkte gegenüber einem Discounter ihre größere Verkaufsfläche zur Kompensation von Nachteilen wie dem Preis nutzen, benötigen dafür aber einen signifikanten Vorsprung durch eine doppelt so große Verkaufsfläche. (6)

## Deutschland ist für ausländische

# amerikanische Unternehmen immer noch ein Standort mit attraktiven Rahmenbedingungen

US-Unternehmen sehen Deutschland immer noch als attraktiven Standort. In den vergangenen Jahren hat er nach Ansicht amerikanischer Unternehmer sogar noch gewonnen. (7)
Investitionen wie die vom Chiphersteller AMD in die große Chip-Produktion in Dresden wie aber auch das Ergebnis von jungen Unternehmen wie Ebay, das den zweitgrößten Umsatz nach dem US-Markt in Deutschland erzielt (wodurch Ebay den Sprung in die Liste der 50 größten US-Unternehmen in Deutschland schaffte), unterstützen diese Aussage. Mit knapp 578 Millionen Umsatz belegt Ebay Rang 48 in Deutschland. (7)
Angeführt wird die Hitliste der US-Unternehmen in Deutschland immer noch von General Motors und ihrer Adam Opel AG, die 2005 auf einen geschätzten Jahresumsatz von 16 Milliarden Euro kamen. Der zweitplazierte Exxon Mobil (Esso) tauschte mit dem Vorjahreszweiten Ford die Plätze.
Zwar erscheint Deutschland in mancher Beziehung etwas schwierig als Standort, da die Reformfähigkeit nicht besonders ausgeprägt ist, aber die gute Qualifikation der Arbeitnehmer, die vielen innovativen Spitzenleistungen der Unternehmen wie

auch die hervorragende Infrastruktur sind Pluspunkte. Außerdem hat sich die Einstellung der Bevölkerung gebessert, die mehr Eigenverantwortung zeigt und nicht ständig nach dem Staat ruft. (7)

## Fallbeispiele

Die Falke-Gruppe plant zur optimalen Nutzung des technischen Know-how ein Innovations- und Entwicklungszentrum aufzubauen, um die entsprechenden Produktbereiche in Schmallenberg zu konzentrieren. (1)

Der Lebensmitteldiscounter Penny plant, in den kommenden drei Jahren 300 bis 400 seiner insgesamt 2 000 über ganz Deutschland verteilten Penny-Standorte zu verlagern. Ziel ist es, größere und neuere Verkaufsfläche zu erhalten. Penny will kräftig expandieren und attraktivere Outlets teilweise auch in besseren Lagen aufbauen. In 2007 ist geplant, 700 Läden entweder umzubauen oder zu verlagern. So will Penny 2007 alleine 50 Millionen Euro in die Neugestaltung der Standorte investieren. Im Rahmen der Bereinigung des Standort-Portfolios hat Penny im vergangenen Jahr 40 der insgesamt 500 in

Ostdeutschland angesiedelten Penny-Fillialen geschlossen. Damit orientiert sich Penny am Investitionstempo vom Discounter Plus, der früher 50 bis 60 Neueröffnungen im Jahr verzeichnete und inzwischen auf bis zu 300 Läden im Jahr kommt. Auch Plus will an seinem Expansionstempo festhalten und auch Verlagerungen von Standorten in bessere Lagen oder auch größere Outlets weiterhin forcieren. (2)

Die auf Objekt- und Standortentwicklung im Einzelhandel spezialisierte Beratung Dr. Lademann & Partner hat untersucht, was die Flächenexpansion der Unternehmen antreibt. Faktoren wie Strukturwandel, der auf bloßem Verdrängungswettbewerb basiert oder Verbraucherpräferenzen, die für die Qualität einer Lage ausschlaggebend sind wie auch Lage und Größe einer Verkaufsfläche aus ökonomischer Sicht werden mit entsprechenden Tools untersucht. (6)

Als Folge einer Restrukturierung des Schweizer Wäschekonzerns Calida AG fallen 180 von insgesamt 500 in Frankreich angesiedelten Arbeitsplätzen der Tochter Aubade weg. Aus Kostengründen werden diese Stellen zu den Fertigungsstätten nach Tunesien verlagert. Schon heute werden 70 Prozent der Konfektionsarbeiten im eigenen Betrieb und bei Partnern in Tunesien durchgeführt, so dass die

Arbeitsplätze in der Näherei der Dessous-Marke eingespart werden. (3)

Der Immobilienbestand der Metro Asset Management wird zunehmend über das eigene Immobilienbewertungs- und Rating-Tool (IBRT) gesteuert. Dieses Instrument hat die Metro gemeinsam mit PricewaterhouseCoopers entwickelt. Es bündelt eine Vielzahl von Daten und ermöglicht damit eine in die Zukunft gerichtete Standortbewertung. (5)

Die Entscheidung zur Entwicklung dieses Systems entstand bei der Metro vor etwa zwei Jahren. Es liefert zuverlässige Ergebnisse, die durch Umsatzsprünge von bis zu 20 Prozent z. B. bei revitalisierten Shopping-Centern bereits belegt sind. (5)

## Weiterführende Literatur

(1) Falke konzentriert sich in Schmallenberg
aus TextilWirtschaft 44 vom 02.11.2006 Seite 048

(2) Penny sucht Profil als Plus-Verfolger
aus Lebensmittel Zeitung 44 vom 03.11.2006 Seite 004

(3) Calida tritt bei Aubade auf die Kosten-Bremse
aus TextilWirtschaft 43 vom 26.10.2006 Seite 022

(4) O.V., Hohe Straße: Über 17 000 Passanten pro Stunde, Frankfurter Allgemeine Zeitung, 13.10.2006, Nr. 238, S. V15
aus TextilWirtschaft 43 vom 26.10.2006 Seite 022

(5) Metro Group optimiert Immobilien-Portfolio
aus Lebensmittel Zeitung 42 vom 20.10.2006 Seite 037

(6) Nähe schlägt Größe als Wettbewerbsvorteil
aus Lebensmittel Zeitung 42 vom 20.10.2006 Seite 039

(7) Standort-Ranking US-Firmen schwören auf "Made in Germany"
aus HANDELSBLATT online 28.09.2006 07:32:22

(8) Hoffjan, Andreas / Hübner, Tobias / Mertes, Martin, die Aufgabe von Fertigungsstandorten aus Sicht des Controllings, Controlling, Heft 10, Oktober 2006, S: 509 - 516
aus HANDELSBLATT online 28.09.2006 07:32:22

# Impressum

## Standort-Controlling - Die Steuerung eines optimalen Standort-Portfolios kann die betriebliche Performance signifikant steigern

**Bibliografische Information der deutschen Nationalbibliothek**

Die Deutsche Nationalbibliothek verzeichnet diese Publikation in der deutschen Nationalbibliografie; detaillierte bibliografische Daten sind im Internet über http://dnb.d-nb.de abrufbar.

ISBN: 978-3-7379-0039-3

© 2015 GBI-Genios Deutsche Wirtschaftsdatenbank GmbH, Freischützstraße 96, 81927 München, www.genios.de

Alle Rechte vorbehalten. Dieses Werk ist einschließlich aller seiner Teile – z.B. Texte, Tabellen und Grafiken - urheberrechtlich geschützt. Jede Verwertung außerhalb der Grenzen des Urheberrechtsgesetzes bedarf der vorherigen

Zustimmung des Verlags. Dies gilt insbesondere auch für auszugsweise Nachdrucke, fotomechanische Vervielfältigungen (Fotokopie/Mikroskopie), Übersetzungen, Auswertungen durch Datenbanken oder ähnliche Einrichtungen und die Einspeicherung und Verarbeitung in elektronischen Systemen.